青少年安全教育系列丛书

家长和老师的陪伴读物

防范校园欺凌

宋维彬◎著

群众出版社

图书在版编目（CIP）数据

防范校园欺凌 ／ 宋维彬著. —— 北京 ：群众出版社，2024.1
（青少年安全教育系列丛书）
ISBN 978−7−5014−6324−4

Ⅰ．①防… Ⅱ．①宋… Ⅲ．①校园−暴力行为−预防−
中小学−教学参考资料 Ⅳ．①G634.203

中国国家版本馆CIP数据核字(2023)第253521号

防范校园欺凌

宋维彬◎著

出版发行：群众出版社
地　　址：北京市丰台区方庄芳星园三区15号楼
邮政编码：100078
经　　销：新华书店
印　　刷：天津盛辉印刷有限公司

版　　次：2024 年1月第 1 版
印　　次：2025 年1月第 3 次
印　　张：2.125
开　　本：880毫米 × 1230毫米　1/32
字　　数：42千字

书　　号：ISBN 978−7−5014−6324−4
定　　价：29.00 元

网　　址：www.qzcbs.com
电子邮箱：qzcbs@sohu.com

营销中心电话：010−83903991
读者服务部电话（门市）：010−83903257
警官读者俱乐部电话（网购、邮购）：010−83901775
法律图书分社电话：010−83905745

序 言

　　青少年是国家的未来、民族的希望，青少年的健康成长事关国家前途和民族命运。党和政府高度重视青少年的健康成长，着力构建青少年安全教育的国家、社会、学校和家庭协同机制，努力提高青少年的安全意识和自我保护能力。加强青少年安全教育，让青少年免受伤害，不仅是国家和社会的责任，也是学校和家庭的责任。

　　近年来，青少年安全事件时有发生，严重危害了青少年的身心健康发展。调查研究发现，青少年安全意识淡薄是青少年安全事故发生的重要原因之一。本套图书旨在向青少年及其家长、教师普及安全教育知识，讲解青少年自我保护的方法，将青少年安全教育落到实处，从而提升青少年的自我保护意识和能力。青少年安全教育包括心理健康教育、网络安全教育、交通安全教育、预防犯罪教育和远离毒品教育等内容。此次首批选取了青少年安全教育的三个重要领域进行编写，内容具有很强的针对性、专业性和可操作性。

《守护心理健康》　心理健康是青少年健康发展的重要内容。同时，青少年心理发育还不成熟，格外需要国家、社会、学校和家庭的呵护。该书通过心理健康教育，让青少年更好地了解自己，正确评价自己；克服自卑心理和逆反心理，做好情绪管理；缓解考试压力和焦虑情绪，增强自控能力；建立融洽的人际关系，养成良好品行。

《拒绝网络伤害》　网络已成为青少年学习生活的重要场域，能够满足其多元化需求。同时，因自控能力弱、辨别能力不强，青少年容易遭受网络伤害。该书通过拒绝网络伤害教育，使青少年认知电信网络诈骗的套路并学会防范；了解禁止未成年人参与网络直播打赏的规定，养成正确观看网络直播的行为习惯；了解网络沉迷和"不良饭圈""黑界""祖安文化"的危害，预防网络沉迷，明辨网络社交行为的边界；了解侵犯个人信息的内容、危害和法律责任，更好地保护个人信息。

《防范校园欺凌》 校园欺凌严重影响青少年身心健康，扰乱学校的教学管理秩序，甚至容易诱发违法犯罪行为。该书通过防范校园欺凌教育，让青少年了解预防校园欺凌的基本知识，正确认识校园欺凌的危害；明确识别欺凌行为，敢于对校园欺凌说"不"；让欺凌者知晓欺凌行为带来的后果、应当接受的教育惩戒措施以及要承担的法律责任，远离校园欺凌。

本套丛书贴近青少年现实生活、案例生动鲜活、问答设计严谨，趣味性、知识性兼具，既可作为教师开展青少年安全教育的内容参考，也可作为青少年及其家长学习安全知识的家庭读物，使青少年学会自我保护、远离危险，从源头上减少和避免各类安全事故的发生。

郭开元

中国青少年研究中心研究员

2023 年 12 月

目 录

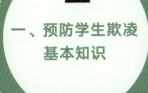

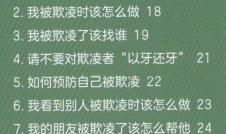

三、欺凌者应当
接受的教育惩戒

四、欺凌者应当
承担的法律责任

一、预防学生欺凌
基本知识

1. 什么是学生欺凌

　　无论是在校园内还是在校园外，学生蓄意或恶意地通过肢体、语言及网络等手段，对其他学生进行欺压、侮辱，使其他学生受到身体伤害、财产损失或者精神损害，都属于学生欺凌。

法律法规

《未成年人保护法》（节选）

第一百三十条　本法中下列用语的含义：

（三）学生欺凌，是指发生在学生之间，一方蓄意或者恶意通过肢体、语言及网络等手段实施欺压、侮辱，造成另一方人身伤害、财产损失或者精神损害的行为。

《加强中小学生欺凌综合治理方案》（节选）

三、治理内容及措施

（一）明确学生欺凌的界定

中小学生欺凌是发生在校园（包括中小学校和中等职业学校）内外、学生之间，一方（个体或群体）单次或多次蓄意或恶意通过肢体、语言及网络等手段实施欺负、侮辱，造成另一方（个体或群体）身体伤害、财产损失或精神损害等的事件。

2. 学生欺凌有哪些表现形式

身体欺凌：以殴打、脚踢、掌掴、抓咬、推撞、拉扯等方式侵犯其他学生身体，或者恐吓威胁其他学生。

语言欺凌：以辱骂、讥讽、嘲弄、挖苦、起侮辱性绰号等方式侵犯其他学生人格尊严。

财物欺凌：抢夺、强拿硬要或者故意毁坏其他学生财物。

社交欺凌：恶意排斥、孤立其他学生，影响其他学生参加学校活动或者社会交往。

网络欺凌：通过网络等方式捏造事实诽谤其他学生、散布谣言或者错误信息诋毁其他学生、恶意传播其他学生隐私。

《未成年人学校保护规定》（节选）

第二十一条　教职工发现学生实施下列行为的，应当及时制止：

（一）殴打、脚踢、掌掴、抓咬、推撞、拉扯等侵犯他人身体或者恐吓威胁他人；

（二）以辱骂、讥讽、嘲弄、挖苦、起侮辱性绰号等方式侵犯他人人格尊严；

（三）抢夺、强拿硬要或者故意毁坏他人财物；

（四）恶意排斥、孤立他人，影响他人参加学校活动或者社会交往；

（五）通过网络或者其他信息传播方式捏造事实诽谤他人、散布谣言或者错误信息诋毁他人、恶意传播他人隐私。

学生之间，在年龄、身体或者人数等方面占优势的一方蓄意或者恶意对另一方实施前款行为，或者以其他方式欺压、侮辱另一方，造成人身伤害、财产损失或者精神损害的，可以认定为构成欺凌。

真实案例 ①

● 通过收取保护费进行财物欺凌

小刘、小陈等人纠结小龙等 3 名未成年人成立所谓的"帮会"，以帮助别人打架收取保护费。小刘等人先后逼迫 10 余名在校学生加入"帮会"并交纳保护费，且殴打 10 余名在校学生，收取费用约 2000 元，致使多名被害学生产生厌学情绪。案发后，检察院对小刘等人以寻衅滋事罪提起公诉，法院最终判处小刘等 6 人 5 个月至 3 年不等的刑罚。

真实案例 ②

● 一个喷嚏招来的无休止欺凌

一天傍晚，初二学生小琳在放学回家的路上打了一个大大的喷嚏，引起了走在前面的几个女生的注意，便招来了这几个女生无休止的欺凌。小琳的作业本被涂抹得乱七八糟，文具经常不见踪影。她被迫唱粗俗的歌、跳奇怪的舞，还时不时被殴打。她被羞辱、被孤立，甚至被强迫去超市偷东西。小琳向同学求助，但大家都怕惹火烧身。小琳不敢和老师、家长说自己的遭遇，变得越来越孤僻，最后患上了抑郁症。即便小琳在第二学期转学后，关于她的谣言仍不绝于耳。

在这个欺凌案例中，小琳同时受到了身体欺凌、语言欺凌、财物欺凌、社交欺凌。

真实案例 ③

● **欺凌致人身心遭受重创**

小美因为化淡妆上学，引得同学哄堂大笑，之后她就被同学欺凌，书本经常被人涂得乱七八糟。她去洗手间会被人指指点点，上课回答问题总会被同学耻笑，课间同学们还拿她开玩笑。后来这种欺凌延伸至网络空间，她的社交账号被同学们添加好友，一旦通过便迎来各种嘲笑讽刺；只要她在同学的朋友圈点赞或评论，就会有多条评论出来冷嘲热讽。同学们不仅嘲笑她的长相，还把她的照片传到网上，做成表情包。小美被欺凌了近一年时间，身心都受到重创，她开始厌食、抑郁，学习成绩直线下降。

3. 如何区分欺凌和玩笑

欺凌是故意给别人造成伤害的行为。如果你认为别人是在嘲笑你，而不是在和你说笑，那么这个玩笑就开过头了。如果你要求对方停下来，但对方依旧我行我素，而且你也很烦恼，那这就属于欺凌了。只要你感觉到受伤，而且这种行为没有停止，就属于欺凌。

● 玩笑过头便是欺凌

某校一名学生因为名字中带有一个"坤"字，就被同学称为"鸡哥"。这个梗原本是一位流量明星的音乐被网友恶搞之后流传网络的，没想到这个学生也未能幸免。同学天天喊这名学生"鸡哥"，并在他的课本及课桌上写满"鸡你太美"等调侃的语言。这名学生承受不了压力后，和老师及家里人讲过，老师和家长也批评过这些同学，但他们依然不改。久而久之，这名学生产生了厌学情绪，最终被诊断为抑郁症，后休学在医院接受治疗。

政策文件

《加强中小学生欺凌综合治理方案》（节选）

三、治理内容及措施

（一）明确学生欺凌的界定

……

在实际工作中，要严格区分学生欺凌与学生间打闹嬉戏的界定，正确合理处理。

4. 学生欺凌行为中有哪些角色

学生欺凌行为中包含**欺凌者**、**受欺凌者**和**旁观者**三种角色。

【知识拓展】

欺凌者包括主要欺凌者和协同欺凌者。带头发起欺凌、组织策划欺凌行为的学生，是主要欺凌者。积极主动地协助欺凌者捉弄、折磨受欺凌者的学生，是协同欺凌者。

受欺凌者包括被动型受欺凌者和挑衅型受欺凌者。单纯受到他人欺凌而不欺凌他人的学生，是被动型受欺凌者。因为自己的挑衅行为而受到欺凌的学生，是挑衅型受欺凌者。

5. 学生欺凌对受欺凌者有哪些危害

　　学生欺凌不仅会给他们带来身体上的伤害甚至残疾，还会带来心理上的创伤。被欺凌之后，学生内心会产生恐惧、羞辱、委屈感，会在一段时间内处于"应激状态"，导致学习成绩下降，甚至厌学、逃学。欺凌还会使学生变得胆怯、自卑、孤僻，不愿与人交流。长期被欺凌的学生还可能患上抑郁症，有些学生还可能心生怨恨而做出极端行为。

● 因欺凌导致急性应激反应

　　某小学的 1 名学生长期遭到同班 2 名同学的欺凌，甚至被 2 人用厕所垃圾筐扣头。事发后，这名被欺凌的学生出现失眠、易怒、恐惧上学等症状，被诊断为急性应激反应。

● 因欺凌导致肝破裂

　　某中学初一学生小明被一名同学索要钱物，小明不给，这名同学便打电话召集一群学生对小明实施殴打。经检查，小明被诊断为肝破裂，需要立即做手术。手术之后，小明昏迷了 3 天才苏醒。

6.学生欺凌对欺凌者有哪些危害

欺凌行为会使欺凌者变得恃强凌弱、自以为是，形成自私、暴力的人格特征，甚至可能走上违法犯罪的道路。欺凌行为被曝光后，欺凌者会遭到社会的谴责，正常的学习、生活会遭到严重破坏。如果欺凌行为受到法律处罚，欺凌者会被贴上"坏学生""犯罪者"的标签，人生轨迹将从此改变。还有的欺凌者会在欺凌行为中受伤，成为以暴制暴的受害者。

真实
案例

● **欺凌他人构成犯罪，从此改变人生**

某学校女生小何听说女同学小王骂自己和其朋友，便决意教训小王。一天，小何在放学后纠集同学小沈等10余人将小王约至一处小树林，然后采用脚踢、扇巴掌、拽头发等手段对小王进行殴打。不久，小余、小陆、小孙等同学来到现场，小余对小王扇巴掌，小陆、小孙脱小王的裤子，小余用树枝戳小王的隐私部位。其间，部分在场同学对欺凌过程进行拍照、录像，并将视频发到网上，造成恶劣的社会影响。法院认定已满16周岁的未成年人小何、小沈、小余、小陆、小孙构成强制侮辱罪，判处小何有期徒刑 1 年 6 个月；判处小余有期徒刑 1 年 4 个月；判处小沈有期徒刑 1 年，缓刑 1 年；判处小陆有期徒刑 1 年，缓刑 1 年；判处小孙有期徒刑 2 年，缓刑 2 年。

7. 如何正确认识学生欺凌

学生欺凌是错误的，是不可容忍的。学生欺凌不仅会给受欺凌者带来严重的身体和心理伤害，还可能改变欺凌者的人生，对双方都是一辈子的负面影响。学生欺凌没有赢者，所有参与欺凌的学生都是受害者。

【开动脑筋】

学生欺凌对受欺凌者和欺凌者都有哪些危害？我们该如何评价学生欺凌？

● 殴打他人致死被判故意伤害罪

　　某校学生小王值日时未打扫卫生，小郑便以此为由与小王发生口角，之后小郑、小李、小张使用木棒、木制扫帚把、钢板等作案工具殴打小王，造成小王头部重伤，后经救治无效死亡。法院以故意伤害罪分别判处小郑、小李、小张有期徒刑 2 年至 7 年不等的刑罚。

● 殴打他人致身心损害被判寻衅滋事罪

　　某学校学生小谭等 5 人，在学校附近文具店无故殴打同学小夏，之后纠集小卢等人强行将小夏带往公园女厕所，以扯头发、扇巴掌等方式对小夏实施殴打，并用手机拍摄殴打过程等视频、照片，摔坏小夏手机 1 部。小卢等人还通过微信群传播涉案视频、照片。经鉴定，小夏构成轻微伤，并出现急性应激反应、重度抑郁、重度焦虑症状。案发后，小卢家属赔偿小夏 2.5 万元，并取得小夏及其家属的谅解。法院最终以寻衅滋事罪判处小卢有期徒刑 1 年。其他涉案人员也受到相应处分。

二、正确应对学生欺凌行为

1. 我们要敢于对欺凌说"不"

　　任何一个学生遭受欺凌，或者身边有学生遭受欺凌，我们都不能选择沉默，要勇敢地面对。因为你一次次地退让，只会让他一次次地伤害你。拒绝校园欺凌，不做沉默的被欺凌者！不做冷漠的旁观者！不做可恶的欺凌者！遭遇校园欺凌，应当拿起法律武器，勇敢地面对欺凌者。

● 选择沉默换来了继续受欺凌

小珊是某中学女生。一天傍晚，小珊被另一中学的五六个女生围住。为首的初三女生小琪逼小珊下跪，打小珊耳光，并拍摄了视频。小珊下跪并挨打的视频在她就读的学校传开，之后在全市其他学校间散播。小珊因受到小琪等人的威胁，害怕再次挨打，并没有第一时间将自己被欺凌的事情告诉父母，而是自己默默承受。但2天以后，小珊便遭到了第二次欺凌，她被另外3名女生围堵住，不仅遭到拳打脚踢，还被威胁交出400元钱，并且再一次被拍了视频。3天内遭遇两次欺凌，小珊一度处于精神崩溃状态。小珊母亲察觉出端倪，得知情况后报警求助。最终，小琪被处以5天行政拘留处罚，其他3名施暴者因不满14周岁，被警方处以口头批评教育。

● 沉默换来了继续被殴打致脾脏切除

小黄自五年级起就被 3 名同学欺凌。由于小黄体格瘦小，被欺凌时无力反抗，并且被威胁不能告诉家长和老师，否则下次会被打得更重，小黄因害怕而选择了沉默。小黄一直被这 3 名同学欺凌，至中考前 2 天，小黄再次遭这 3 名同学围殴导致脾脏破裂。参加完中考语文科目考试后，小黄因剧痛放弃了下午考试，此时才向家长道出自己多年来被同学欺凌的事实。经检查，小黄脾脏出血严重，经手术切除了脾脏。

2. 我被欺凌时该怎么做

面对身体欺凌和财物欺凌时，要保持镇定，选择合适时机迅速离开，不要给对方伤害你的机会。必要时可以向路人或身边人求助，采用大声叫喊等异常行动引起周围人注意。一定要以人身安全为重，不要激怒对方，尽可能拖延时间或先满足对方的要求，事后再向老师或家长报告。

面对语言欺凌和社交欺凌时，无视并远离欺凌者，在学习生活中自信地展现自己的优点，赢得更多人的欣赏，用实际行动使语言欺凌和社交欺凌不攻自破。

面对网络欺凌时，忽视网络上的欺凌语言，不与对方互相攻击，及时收集并保存网络欺凌的证据，也可以考虑拉黑欺凌者，或者在平台上举报投诉，要求网络服务商采取处置措施。

【开动脑筋】

假如你在放学回家的路上，遭到一群学生的围堵，对方要殴打你，并让你交出身上携带的钱物，这时候你该怎么做？如何更好地保护自己？

3. 我被欺凌了该找谁

在受到欺凌后，不要隐瞒事实，也不要故意装出勇敢的样子，而是要第一时间向家长、老师或者其他值得依赖的成人告知实际情况。如果不便于直接告诉成人，可以写一张纸条来向他们表达自己的感受。成人能够教给你防御欺凌的办法并给予你帮助，从而有效地预防欺凌的再次发生。此外，也可以向政府有关部门报告或举报，情节严重时，还可以拨打110，向公安机关报案。

● **欺凌事件通过一张纸条被发现**

13岁的小高从外省转入某中学就读后，成为班里几位女同学的眼中钉。她们逮住机会就嘲笑小高"胖""丑"，还故意将小高的物品弄乱或是藏起她的文具。起初，小高安慰自己没关系，不在意就是了。但那些女生变本加厉，日复一日在宿舍捉弄她，还联合班上的男同学一起羞辱她，有时甚至会拉扯、推撞她。小高因为害怕遭到报复，不敢将这些事情告诉老师和父母，最后变得郁郁寡欢，成绩直线下降。直到有一次被围殴后，小高写了一张"活着没有意义，死亡是解脱"的纸条给老师，这起欺凌事件才被发现。

【开动脑筋】

小明在放学回家的路上，遭到了同校几名同学的欺凌。小明觉得自己被人欺凌很丢人，不敢告诉别人，于是便默默忍受，他觉得这样做才能体现自己的勇敢。请问，小明的做法是否正确？如果是你，你该怎么做？

4. 请不要对欺凌者"以牙还牙"

欺凌行为被制止、欺凌者被惩罚后，不要"以暴制暴""以牙还牙"，那样你会成为新的欺凌者。要用你希望别人对待你的方式对待别人，这样校园才会变得更加美好。

● 对欺凌者"以牙还牙"终致惨案

小马在某职教中心上学期间，多次遭到同班同学小田欺负，从而心生不满。一天上午，小马事先购买了折叠刀，返回学校找到小田后，用准备的折叠刀连续朝小田胸、腹部扎刺数刀，导致小田心脏破裂、心脏功能障碍死亡。案件发生后，小马主动委托学校领导报案。法院认定小马构成故意杀人罪，判处有期徒刑 12 年。在民事赔偿方面，小马亲属赔偿小田亲属经济损失 8 万元。

5. 如何预防自己被欺凌

远离无人监管的地带，在校内外尽量与他人结伴而行，不要单独行走。不要携带较多的现金和贵重物品，不公开显露自己的财物。在学校多参加集体活动，多结交朋友。与同学友好相处，不主动与同学发生冲突，一旦发生冲突及时找老师解决。提升自我防护意识，平时加强身体锻炼，以便在危险时刻自保。

【开动脑筋】

小强觉得自己很勇敢，在校内外经常独自行走。小强为了显示自己家里很富有，经常携带很多钱物，并在同学间显露。小强脾气还很暴躁，经常一言不合就打人，和同学发生冲突也喜欢私了。请问，小强的做法是否正确？他这种行为是否容易招来别人的欺凌？

6. 我看到别人被欺凌时该怎么做

当你看到别人被欺凌时，请不要置若罔闻或袖手旁观，更不要做欺凌的助威者。你可以根据自身情况，用呼喊警告或实际行动制止欺凌，也可以寻求成人帮助或将欺凌事件告诉老师。请在能力范围内施以援手，不要做冷眼旁观者，更不要做附和者。

【开动脑筋】

假如你看到一名同学正在被其他几名同学欺凌，你该怎么做？

7. 我的朋友被欺凌了该怎么帮他

如果你的朋友被欺凌了，请多关心和安慰他，多与他交谈，倾听他内心的想法。向他表达善意，告诉他你是为他而来，帮助他寻找值得信赖的成年人反映情况。尽可能地给他提供帮助和支持，使他尽快摆脱欺凌的阴影。

【开动脑筋】

你的朋友小莉被人欺凌了，她因害怕不敢告诉老师和父母，变得郁郁寡欢，也不愿意和别人交流。这个时候，你该怎么做？应如何帮助她？

三、欺凌者应当接受的
教育惩戒

1. 欺凌者需要接受哪些教育惩戒

对于实施欺凌的学生，学校会根据实际情况，制定一定学时的专门教育方案，监督实施欺凌的学生按要求接受教育。同时根据欺凌事件的不同情形，对欺凌学生给予纪律处分、将其表现记入学生综合素质评价、转入专门（工读）学校就读等惩戒。

政策文件

《加强中小学生欺凌综合治理方案》（节选）

三、治理内容及措施

（四）依法依规处置

3. 强化教育惩戒作用

对经调查认定实施欺凌的学生，学校学生欺凌治理委员会要根据实际情况，制定一定学时的专门教育方案并监督实施欺凌学生按要求接受教育，同时针对欺凌事件的不同情形予以相应惩戒。

【知识拓展】

欺凌者接受的教育，包括制定一定学时的专门教育方案并监督欺凌者按要求接受教育、由学校对欺凌者开展批评教育和警示谈话、邀请公安机关参与警示教育或对实施欺凌学生予以训诫等。

欺凌者接受的惩戒，包括对欺凌者给予纪律处分、将欺凌者的表现记入学生综合素质评价、将欺凌者转入专门（工读）学校就读等。

2. 对于一般欺凌应当给予何种教育惩戒

情节轻微的一般欺凌事件，由学校对实施欺凌学生开展批评、教育。实施欺凌学生应向被欺凌学生当面或书面道歉，取得谅解。对于反复发生的一般欺凌事件，学校在对实施欺凌学生开展批评、教育的同时，可视具体情节和危害程度给予纪律处分。

政策文件

《加强中小学生欺凌综合治理方案》（节选）

三、治理内容及措施

（四）依法依规处置

3. 强化教育惩戒作用

……

情节轻微的一般欺凌事件，由学校对实施欺凌学生开展批评、教育。实施欺凌学生应向被欺凌学生当面或书面道歉，取得谅解。对于反复发生的一般欺凌事件，学校在对实施欺凌学生开展批评、教育的同时，可视具体情节和危害程度给予纪律处分。

● 处罚与否不影响教育惩戒

　　某中学七年级学生小李因在体育课上没有参加集体游戏活动，引起个别同学的不满。当日上体育课时，同班学生小孟不按秩序排队，小李对她进行提醒，导致小孟和小李发生矛盾。下午放学后，小李遭到小孟、小陈等12人的殴打，并被拍摄视频上传到微信群流传。事发后，涉事学生家长到小李家中赔礼道歉。公安机关对涉暴的12名学生依法作出处罚，其中对已满14周岁的小陈处以行政拘留10日，其他11人因不满14周岁，依法不予处罚，但对其监护人进行训诫，责令其监护人严加管教。同时，学校对3名主要参与者给予留校察看处分，对其他9名学生给予记过处分，并组织心理咨询师和家庭教育指导师对被殴打的小李进行心理疏导。

3. 对于严重欺凌应当给予何种教育惩戒

　　情节比较恶劣、对被欺凌学生身体和心理造成明显伤害的严重欺凌事件，学校对实施欺凌学生开展批评、教育的同时，可邀请公安机关参与警示教育或对实施欺凌学生予以训诫。学校可视具体情节和危害程度给予实施欺凌学生纪律处分，将其表现记入学生综合素质评价。

《加强中小学生欺凌综合治理方案》（节选）

三、治理内容及措施

（四）依法依规处置

3. 强化教育惩戒作用

……

情节比较恶劣、对被欺凌学生身体和心理造成明显伤害的严重欺凌事件，学校对实施欺凌学生开展批评、教育的同时，可邀请公安机关参与警示教育或对实施欺凌学生予以训诫，公安机关根据学校邀请及时安排人员，保证警示教育工作有效开展。学校可视具体情节和危害程度给予实施欺凌学生纪律处分，将其表现记入学生综合素质评价。

● 被处罚后仍需接受纪律处分

某中学，一名男生经常遭到同校学生欺凌。有一天，这名男生在厕所内，被同校 7 名学生逼迫捡拾蹲坑内的污秽物，并被要求舔碰接触污秽物的手指，直至被逼将手指伸入嘴中。欺凌者一边用手机拍摄，一边手持棍棒敲打受害男生，不时飙出脏话。视频传到网上后，引起全社会的极大愤慨。公安机关认定 7 名涉案学生构成寻衅滋事行为，对 5 名已满 14 周岁的学生给予行政拘留及罚款处罚，对另外 2 名不满 14 周岁的学生，责令他们的监护人严加管教。该所中学也对 7 名涉案学生中的 2 人给予留校察看处分、4 人给予记过处分、1 人给予严重警告处分，并对实施欺凌行为的学生家长进行警示谈话。

4. 对于特别严重欺凌应当给予何种教育惩戒

屡教不改或者情节恶劣的严重欺凌事件，必要时可将实施欺凌学生转送专门（工读）学校进行教育。

政策文件

《加强中小学生欺凌综合治理方案》（节选）
三、治理内容及措施
（四）依法依规处置
3. 强化教育惩戒作用
……
屡教不改或者情节恶劣的严重欺凌事件，必要时可将实施欺凌学生转送专门（工读）学校进行教育。未成年人送专门（工读）学校进行矫治和接受教育，应当按照《中华人民共和国预防未成年人犯罪法》有关规定，对构成有严重不良行为的，按专门（工读）学校招生入学程序报有关部门批准。

【知识拓展】

专门（工读）学校是对有严重不良行为的未成年人进行专门教育的学校。有严重不良行为的未成年人，未成年人的父母或者其他监护人、所在学校无力管教或者管教无效的，可以经相关部门评估同意后，送入专门学校接受专门教育。未成年人实施刑法规定的行为、因不满法定刑事责任年龄不予刑事处罚的，经相关部门评估同意后，也可以送入专门学校进行专门矫治教育。专门学校实行闭环管理，公安机关、司法行政部门负责未成年人的矫治工作，教育行政部门承担未成年人的教育工作。

四、欺凌者应当承担的法律责任

1. 欺凌者需要承担哪些法律责任

欺凌者如果达到相应的责任年龄，根据欺凌行为的严重程度以及危害后果，将依法承担民事责任、行政责任和刑事责任。

● **因欺凌承担刑事责任并赔偿**

某日，小刘、小邬、小贾伙同未成年在校学生小杜、小赵、小武、小胡，无故对未成年人小丽进行殴打，情节恶劣。小刘等人还将殴打过程拍摄视频上传至互联网，引发公众普遍关注。案发后，小刘、小邬、小贾经公安民警电话通知后主动投案自首，如实供述犯罪事实。此外，小刘、小邬、小贾及部分未成年同案人对小丽进行了经济赔偿、赔礼道歉等，获得了小丽的谅解。法院审理认为，小刘、小邬、小贾构成寻衅滋事罪，判处小刘有期徒刑 8 个月；判处小邬有期徒刑 6 个月；判处小贾有期徒刑 7 个月。其他参与欺凌的未成年人也受到了相应的处分。

民事责任、行政责任和刑事责任属于法律责任，是欺凌者违反了《民法典》《治安管理处罚法》和《刑法》的规定而承担的法定责任。教育惩戒属于纪律责任，是欺凌者违反了校规校纪而接受的批评教育和纪律处分等。欺凌者可能会同时承担教育惩戒与法律责任。

2. 欺凌者承担民事责任的年龄是多少

已满18周岁的学生欺凌其他学生，造成其他学生的人身和财产受到损害时，需要承担侵权责任，对被欺凌学生的损害进行赔偿。不满18周岁的学生欺凌其他学生，造成其他学生的人身和财产受到损害时，由他的父母或其他监护人承担侵权责任，如果实施欺凌学生有个人财产的，需要用他的个人财产进行赔偿。

《民法典》（节选）

第十七条　十八周岁以上的自然人为成年人。不满十八周岁的自然人为未成年人。

第十八条　成年人为完全民事行为能力人，可以独立实施民事法律行为。

十六周岁以上的未成年人，以自己的劳动收入为主要生活来源的，视为完全民事行为能力人。

第十九条　八周岁以上的未成年人为限制民事行为能力人，实施民事法律行为由其法定代理人代理或者经其法定代理人同意、追认；但是，可以独立实施纯获利益的民事法律行为或者与其年龄、智力相适应的民事法律行为。

第二十条　不满八周岁的未成年人为无民事行为能力人，由其法定代理人代理实施民事法律行为。

第一千一百八十八条　无民事行为能力人、限制民事行为能力人造成他人损害的，由监护人承担侵权责任。监护人尽到监护职责的，可以减轻其侵权责任。

有财产的无民事行为能力人、限制民事行为能力人造成他人损害的，从本人财产中支付赔偿费用；不足部分，由监护人赔偿。

● **欺凌他人被判人身损害赔偿**

　　小党和小石等人是某中学七年级五班的同班同学。有一天，班主任让学生在教室午休。在班主任离开教室后，小石和其他两名同学一起对小党进行了侮辱、轻微暴力和辱骂，导致小党从三楼的教室窗户跳下受伤，伤残等级为八级伤残。对于小党的人身损害，法院判处小石和其他两名同学分别承担 5%、30%、40% 的民事赔偿责任，由于他们都是未成年人，由他们的监护人进行赔偿。学校由于没有充分履行教育、管理和保护义务，承担 20% 的责任。小党在受到侵害时没有及时向老师和学校报告，反而选择自伤，自己承担 5% 的责任。

● **欺凌者共同承担赔偿责任**

某日上午课间，小彭与该校学生小喻因为争抢篮球场地发生争吵，后被该校校长发现并制止。上午下课后，小喻及同年级的小罗、小肖、小王、小谢等人去找小彭理论，并殴打了小彭。中午小彭的班主任和家长带小彭到医院检查治疗，小喻、小罗、小肖、小王、小谢的父母各赔偿小彭医药费100元。学校因此事件分别对小喻等5人进行了处分。此后，小彭因"急起行为紊乱、眠差障碍"多次住院治疗，并带药出院，花去医疗费119595.9元。经鉴定，小彭为急性应激障碍，被打事件是导致该病的直接原因。法院经审理认为，小喻、小罗、小肖、小王、小谢殴打小彭构成共同侵权，共同承担损失赔偿10万元。由于小喻等人为未成年人，由他们的监护人承担赔偿责任。学校由于未尽到足够的教育管理职责，承担损失赔偿19595.90元。

3. 欺凌者可能承担哪些民事责任

　　欺凌者对于他实施的欺凌行为，需要承担停止侵害、排除妨碍、消除危险、消除影响、恢复名誉、赔礼道歉等民事责任。造成被欺凌学生人身损害时，需要赔偿医疗费、护理费、交通费、营养费、住院伙食补助费等为治疗和康复支出的合理费用。造成被欺凌学生严重精神损害时，需要承担精神损害赔偿责任。造成被欺凌学生财产损害时，需要赔偿相应的财产损失。

《民法典》（节选）

第一千一百七十九条　侵害他人造成人身损害的，应当赔偿医疗费、护理费、交通费、营养费、住院伙食补助费等为治疗和康复支出的合理费用，以及因误工减少的收入。造成残疾的，还应当赔偿辅助器具费和残疾赔偿金；造成死亡的，还应当赔偿丧葬费和死亡赔偿金。

第一千一百八十三条　侵害自然人人身权益造成严重精神损害的，被侵权人有权请求精神损害赔偿。

第一千一百八十四条　侵害他人财产的，财产损失按照损失发生时的市场价格或者其他合理方式计算。

真实案例 1

● 欺凌他人被判精神损害赔偿

小陈和小马是初三同班同学，在学校期间，小马经常欺凌小陈。有一天，小陈在上课期间睡觉，小马便拍打小陈背部让他起来学习，从而发生口角。在课间休息时，小马趁小陈不备踢打小陈，小陈反抗后，被小马用木棍打伤头部和腿部。小陈受伤后住院治疗 12 天，被诊断为创伤后应激障碍、焦虑抑郁。法院判决小马和他的监护人赔偿小陈各项费用 2 万余元，其中精神损害抚慰金 8000 元。

● 共同欺凌者共同承担赔偿责任

某校学生小庄因在值日分工上与小雪存在纠纷，便纠集其他 3 名同学在放学后将小雪骗出，要求小雪赔礼道歉。遭到小雪拒绝后，小庄等 3 人随即对小雪进行殴打，另一人用手机录制打人过程并上传网络。打人视频在网络上迅速传播，引发社会各界广泛关注。经鉴定，小雪构成轻微伤，并因网络发酵传播造成严重心理阴影。法院受理后，明确施暴者和传播者的监护人应当共同分担民事赔偿责任。在法院的调解下，施暴者和传播者的监护人主动向被害人赔礼道歉，并自愿共同分担民事赔偿责任，当事双方当场达成调解协议并履行完毕。

4. 欺凌者承担行政责任的年龄是多少

　　已满 14 周岁的学生欺凌其他学生，违反治安管理时，需要承担行政责任，对他进行治安管理处罚。不满 14 周岁的学生欺凌其他学生，违反治安管理时，不对他进行治安管理处罚，但是应当责令他的监护人严加管教。

● 轮流掌掴他人被行政处罚

　　15 岁辍学在家的女孩小马，因生活琐事对某小学六年级的女生小熊心生怨恨。小马纠集某中学八年级学生小何和七年级学生小施、小夏、小刘 4 人，尾随放学回家的小熊并胁迫她到偏僻处，5 人轮流对小熊掌掴 32 次。同时，小马让围观的学生用手机拍下现场视频。当天晚上，小马将视频传到她的微信好友圈，随后视频被转发扩散。公安机关对已满 14 周岁的小马、小何、小刘处以治安拘留，对不满 14 周岁的小夏、小施等人不予处罚，责令他们的监护人严加管教。

《治安管理处罚法》（节选）

第十二条 已满十四周岁不满十八周岁的人违反治安管理的，从轻或者减轻处罚；不满十四周岁的人违反治安管理的，不予处罚，但是应当责令其监护人严加管教。

5. 欺凌者可能承担哪些行政责任

欺凌者欺凌其他学生，可能构成寻衅滋事行为、威胁人身安全行为、侮辱行为、诽谤行为、殴打他人行为、故意伤害行为、敲诈勒索行为等，依法可能受到最高 15 日拘留、最多 1000 元罚款的治安管理处罚。

《治安管理处罚法》（节选）

第二十六条　有下列行为之一的，处五日以上十日以下拘留，可以并处五百元以下罚款；情节较重的，处十日以上十五日以下拘留，可以并处一千元以下罚款：

（一）结伙斗殴的；

（二）追逐、拦截他人的；

（三）强拿硬要或者任意损毁、占用公私财物的；

（四）其他寻衅滋事行为。

第四十二条　有下列行为之一的，处五日以下拘留或者五百元以下罚款；情节较重的，处五日以上十日以下拘留，可以并处五百元以下罚款：

（一）写恐吓信或者以其他方法威胁他人人身安全的；

（二）公然侮辱他人或者捏造事实诽谤他人的；

（三）捏造事实诬告陷害他人，企图使他人受到刑事追究或者受到治安管理处罚的；

（四）对证人及其近亲属进行威胁、侮辱、殴打或者打击报复的；

（五）多次发送淫秽、侮辱、恐吓或者其他信息，干扰他人正常生活的；

（六）偷窥、偷拍、窃听、散布他人隐私的。

第四十三条　殴打他人的，或者故意伤害他人身体的，处五日以上十日以下拘留，并处二百元以上五百元以下罚款；情节较轻的，处五日以下拘留或者五百元以下罚款。

有下列情形之一的，处十日以上十五日以下拘留，并处五百元以上一千元以下罚款：

（一）结伙殴打、伤害他人的；

（二）殴打、伤害残疾人、孕妇、不满十四周岁的人或者六十周岁以上的人的；

（三）多次殴打、伤害他人或者一次殴打、伤害多人的。

第四十九条　盗窃、诈骗、哄抢、抢夺、敲诈勒索或者故意损毁公私财物的，处五日以上十日以下拘留，可以并处五百元以下罚款；情节较重的，处十日以上十五日以下拘留，可以并处一千元以下罚款。

● 侮辱殴打他人被行政处罚

某中学两名女生被多名男生女生共同欺凌。受害女生遭多名女生脏话辱骂、抽打耳光、撕扯头发、用脚踹、棍棒捅戳隐私部位。其中一名受害女生还被逼迫脱衣服，施暴女生拿烟头在她的胳膊上按烫。其间，还有男生在旁边录制视频起哄。视频很快在网上流传开来，造成了恶劣的影响。公安机关经过调查，将实施欺凌的小刘等 6 名未成年人全部予以行政拘留处罚，并责令他们的监护人严加管教。

6. 欺凌者承担刑事责任的年龄是多少

已满16周岁的学生欺凌其他学生，构成犯罪时，对所有罪名都需要承担刑事责任。已满14周岁不满16周岁的学生欺凌其他学生，构成故意杀人罪、故意伤害致人重伤或者死亡罪、抢劫罪时，需要承担刑事责任。已满12周岁不满14周岁的学生欺凌其他学生，构成极其严重的故意杀人罪、故意伤害罪时，需要承担刑事责任。

对于不满16周岁不予刑事处罚的学生，要责令他的父母或者其他监护人加以管教；在必要的时候，依法对其进行专门矫治教育。

法律法规

《刑法》（节选）

第十七条 已满十六周岁的人犯罪，应当负刑事责任。

已满十四周岁不满十六周岁的人，犯故意杀人、故意伤害致人重伤或者死亡、强奸、抢劫、贩卖毒品、放火、爆炸、投放危险物质罪的，应当负刑事责任。

已满十二周岁不满十四周岁的人，犯故意杀人、故意伤害罪，致人死亡或者以特别残忍手段致人重伤造成严重残疾，情节恶劣，经最高人民检察院核准追诉的，应当负刑事责任。

对依照前三款规定追究刑事责任的不满十八周岁的人，应当从轻或者减轻处罚。

● **群殴他人致伤被判故意伤害罪**

　　某中专学校女生小黎认为同班女同学小周说话不客气，便纠集小李及其他 6 名女生来到小周寝室内，以打耳光、打头部等方式强迫小周找人一对一斗殴，小周先后被 5 人轮流殴打。第二天，小黎又纠集小李、小龙、小王及其他 8 名女生来到小周寝室，强迫小周找人一对一斗殴。小王等 5 人轮流殴打小周后，小黎用垃圾桶等物砸小周头部，小李、小王朝小周头上、身上浇水，小李打小周耳光，并与小龙等多人一起对小周实施了围殴。小周面部、腰部、四肢等处软组织挫（擦）伤，双侧鼓膜穿孔，伤情构成轻伤二级。法院认定年满 16 周岁的小李、小王、小龙犯故意伤害罪，判处小李拘役 5 个月，缓刑 7 个月；判处小王管制 6 个月；判处小龙管制 4 个月。对未满 16 周岁的小黎等人，因达不到刑事责任年龄，责令他们的监护人严加管教。

● 殴打他人索要钱财被判寻衅滋事罪

　　小邵原为某中学学生，因经常打架被学校开除。某日，小邵在学校附近胡同内，先后无故殴打小孟、小张，并向二人索要钱财，造成二人不敢上学。经鉴定，小孟、小张构成轻微伤。法院经审理认为，小邵随意殴打他人并造成二人轻微伤的后果，小邵的行为构成寻衅滋事罪，由于小邵犯罪时已满16周岁不满18周岁，并且赔偿了被害人经济损失，取得了谅解，依法判处小邵有期徒刑1年，缓刑2年。

未达刑事责任年龄需严加管教

某日，8 名未成年人在某小区一无人地下室内，对 1 名未成年女生采取殴打、侮辱、逼脱衣服等方式进行欺凌，并拍下视频发到网上，引发社会广泛关注。案件发生后，公安机关对涉案的 2 名年满14 周岁的未成年人予以刑事拘留，其余 6 名未成年人因未满 14 周岁，未达到刑事责任年龄，公安机关责令他们的家长严加管教。

7. 欺凌者可能承担哪些刑事责任

欺凌者欺凌其他学生，可能构成故意伤害罪、非法拘禁罪、侮辱罪、诽谤罪、抢劫罪、敲诈勒索罪、寻衅滋事罪等，依法可能受到管制、拘役、有期徒刑、无期徒刑等刑事处罚。

法律法规

《刑法》（节选）

第二百三十四条　故意伤害他人身体的，处三年以下有期徒刑、拘役或者管制。

犯前款罪，致人重伤的，处三年以上十年以下有期徒刑；致人死亡或者以特别残忍手段致人重伤造成严重残疾的，处十年以上有期徒刑、无期徒刑或者死刑。本法另有规定的，依照规定。

第二百三十八条　非法拘禁他人或者以其他方法非法剥夺他人人身自由的，处三年以下有期徒刑、拘役、管制或者剥夺政治权利。具有殴打、侮辱情节的，从重处罚。

犯前款罪，致人重伤的，处三年以上十年以下有期徒刑；致人死亡的，处十年以上有期徒刑。使用暴力致人伤残、死亡的，依照本法第二百三十四条、第二百三十二条的规定定罪处罚。

第二百四十六条　以暴力或者其他方法公然侮辱他人或者捏造事实诽谤他人，情节严重的，处三年以下有期徒刑、拘役、管制或者剥夺政治权利。

前款罪，告诉的才处理，但是严重危害社会秩序和国家利益的除外。

通过信息网络实施第一款规定的行为，被害人向人民法院告诉，但提供证据确有困难的，人民法院可以要求公安机关提供协助。

第二百六十三条　以暴力、胁迫或者其他方法抢劫公私财物的，处三年以上十年以下有期徒刑，并处罚金；有下列情形之一的，处十年以上有期徒刑、无期徒刑或者死刑，并处罚金或者没收财产：

（一）入户抢劫的；

（二）在公共交通工具上抢劫的；

（三）抢劫银行或者其他金融机构的；

（四）多次抢劫或者抢劫数额巨大的；

（五）抢劫致人重伤、死亡的；

（六）冒充军警人员抢劫的；

（七）持枪抢劫的；

（八）抢劫军用物资或者抢险、救灾、救济物资的。

第二百七十四条　敲诈勒索公私财物，数额较大或者多次敲诈勒索的，处三年以下有期徒刑、拘役或者管制，并处或者单处罚金；数额巨大或者有其他严重情节的，处三年以上十年以下有期徒刑，并处罚金；数额特别巨大或者有其他特别严重情节的，处十年以上有期徒刑，并处罚金。

第二百九十三条　有下列寻衅滋事行为之一，破坏社会秩序的，处五年以下有期徒刑、拘役或者管制：

（一）随意殴打他人，情节恶劣的；

（二）追逐、拦截、辱骂、恐吓他人，情节恶劣的；

（三）强拿硬要或者任意损毁、占用公私财物，情节严重的；

（四）在公共场所起哄闹事，造成公共场所秩序严重混乱的。

纠集他人多次实施前款行为，严重破坏社会秩序的，处五年以上十年以下有期徒刑，可以并处罚金。

● 殴打侮辱他人被判寻衅滋事罪

某职业学院女生小朱因心情不爽，便伙同另外4名女生在宿舍楼内随意找到2名女同学进行殴打、辱骂。其间，这5名女生还脱光了1名被欺凌女同学的衣服进行羞辱，并用手机拍摄了羞辱、殴打视频，事后还在自己的微信群内进行了小范围传播；其中1名被欺凌女同学，当天先后被殴打了3次。被欺凌的2名女同学均构成轻微伤，其中1名被欺凌女同学精神抑郁，无法正常生活、学习。法院判决这5名女生犯寻衅滋事罪，判处小朱有期徒刑1年，判处其余4名女生有期徒刑11个月。

● 打伤他人被判故意伤害罪

某校学生小侯因琐事与小彭发生矛盾，小侯带领小王、小杨、小李到该校学生食堂内，4人一起殴打小彭，导致小彭右踝关节骨折。经鉴定，小彭右踝关节损伤程度达到轻伤一级。法院经审理认为，小侯、小王构成故意伤害罪，由于小侯、小王犯罪时已满16周岁未满18周岁，且小王犯罪情节轻微，有悔罪表现，最后判处小侯有期徒刑1年；判处小王有期徒刑7个月，缓刑1年。小杨、小李被另案处理。

真实案例 3

● 网络欺凌他人被判诽谤罪

因同桌的一句玩笑话，经过一群十几岁孩子的添油加醋，并在校园贴吧发表诋毁言论，让原本普通低调的小王变成了他人口中的"炫富女""撒谎精"，甚至被各种污言秽语诋毁。即便中学毕业后，这段噩梦也一直缠绕她将近十年。不管小王用什么软件，对方都能追过来，总有一个或一群人把当年恶意攻击的帖子复制过来，甚至再次夸大，用更加不堪入目的污言秽语攻击小王，严重影响了小王的工作。最后，小王在获取对方身份信息后，向公安机关报案。法院认定被告人蒋某构成诽谤罪，判处拘役3个月。

● **欺凌他人被判非法拘禁罪**

女生小钱以小杨说自己坏话为由，纠集小孙、小周、小郑、小张、小冯、小沈、小赵 7 名女生，经预谋将小杨约至公园，后带到宾馆，采取打耳光、脚踹、拽头发、表演色情节目等手段，对小杨进行殴打和侮辱，并限制小杨人身自由长达 4 天 4 夜。经鉴定，小杨构成轻微伤。法院经审理认为，小钱、小孙、小周、小郑、小张、小冯、小沈 7 人构成非法拘禁罪，由于除小沈以外的其余 6 人犯罪时均是未成年人，小钱有自首情节，积极赔偿并取得谅解，最后判处小钱有期徒刑 7 个月；判处小孙、小周、小郑、小张、小冯有期徒刑 8 个月，缓刑 1 年；判处小沈有期徒刑 10 个月。由于小赵未满 16 周岁，不予刑事处罚，责令其家长严加管教。

8. 不予处罚的欺凌者应当如何处理

　　对有违法犯罪行为但依法不予行政处罚、刑事处罚的欺凌者，学校要给予纪律处分，非义务教育阶段的学校可视具体情节和危害程度给予留校察看、勒令退学、开除等处分，必要时可按照有关规定将其送专门（工读）学校。

政策文件

《加强中小学生欺凌综合治理方案》（节选）

三、治理内容及措施

（四）依法依规处置

3. 强化教育惩戒作用

……

　　涉及违反治安管理或者涉嫌犯罪的学生欺凌事件，处置以公安机关、人民法院、人民检察院为主。教育行政部门和学校要及时联络公安机关依法处置。各级公安、人民法院、人民检察院依法办理学生欺凌犯罪案件，做好相关侦查、审查逮捕、审查起诉、诉讼监督和审判等工作。对有违法犯罪行为的学生，要区别不同情况，责令其父母或者其他监护人严加管教。对依法应承担行政、刑事责任的，要做好个别矫治和分类教育，依法利用拘留所、看守所、未成年犯管教所、社区矫正机构等场所开展必要的教育矫治；对依法不予行政、刑事处罚的学生，学校要给予纪律处分，非义务教育阶段学校可视具体情节和危害程度给予留校察看、勒令退学、开除等处分，必要时可按照有关规定将其送专门（工读）学校。对校外成年人采取教唆、胁迫、诱骗等方式利用在校学生实施欺凌进行违法犯罪行为的，要根据《中华人民共和国刑法》及有关法律规定，对教唆未成年人犯罪的依法从重处罚。

真实案例 ①

● **不予处罚仍需进行纪律处分和赔偿**

某日下午，小朗一、小原、小朗二在路上遇到小李后，质问小李是否骂过他们。随后，3 人将小李带到小区公厕附近，对小李进行殴打，强迫小李吃污秽物，并录制视频上传到网络，产生了恶劣的影响。由于小朗一、小原、小朗二均未满 14 周岁，公安机关对 3 人依法不予行政处罚，责令他们的监护人严加管教。经过调解，小朗一、小原、小朗二的监护人赔偿小李 4.5 万元。学校对小朗一、小原、小朗二给予记过处分。

● **不予处罚仍需进行训诫和赔偿**

　　某小学三年级学生小李，因在食堂处洗碗和同班同学小白发生纠纷，便纠集同班同学小高、小赵、小吴、小张以及六年级学生小舒等人，将小白带至男生宿舍，采用蹲马步、殴打、向其身上淋开水等方式进行欺凌，造成小白身体不同部位受伤。第二天，小高等人再次寻求刺激，以同样方式在男生宿舍对同班同学小卢进行欺凌，造成小卢身体不同部位受伤。虽然由于涉事学生未满14周岁，依法不予行政处罚和刑事处罚，但是公安机关依法对他们进行了训诫，责令监护人严加管教，履行监护人的监护义务，并支付医疗费用。该县对学校校长及分管校园安全的副校长作出免职处理，并对有关责任人员进行倒查。